MULTIPLICACIONE

MW00944853

eduspot
We produce world class achievers

Multiplicaciones sencillas - 7-9 años es un libro para apoyar el desarrollo matemático de tu hijo, ¡especialmente durante el homeschooling!

Ponemos en tus manos una serie de libros que incluyen materiales de actividades educativas con tareas matemáticas seleccionadas y accesibles para los jóvenes aficionados a las ciencias.

Empecemos con multiplicaciones sencillas - 7-9 años. El libro utiliza estas indicaciones para ampliar las experiencias matemáticas útiles y apropiadas y ayudar a preparar la olimpiada de matemáticas.

En las Multiplicaciones sencillas - 7-9 años, descubrirás
- hojas de trabajo de multiplicación

- sustracciones, sumas, multiplicaciones y divisiones de dos cifras

- sumas y restas de tres cifras

- más de 400 operaciones matemáticas diferentes

Esta combinación de actividades matemáticas confiere al libro un enfoque especialmente interesante y estimulante y hace que cualquier profesor pueda utilizarlo.

Multiplicación

Resuelve los siguientes problemas de multiplicación.

$$10 \cdot 5$$ $$6 \cdot 5$$ $$5 \cdot 4$$ $$6 \cdot 3$$

$$7 \cdot 3$$ $$3 \cdot 3$$ $$6 \cdot 4$$ $$2 \cdot 9$$

$$12 \cdot 2$$ $$15 \cdot 3$$ $$3 \cdot 11$$ $$2 \cdot 16$$

$$14 \cdot 2$$ $$5 \cdot 8$$ $$3 \cdot 16$$ $$19 \cdot 2$$

$$3 \cdot 22$$ $$5 \cdot 8$$ $$11 \cdot 4$$ $$8 \cdot 3$$

Resuelve los siguientes problemas de multiplicación.

10 · 7	6 · 8	5 · 12	6 · 14
9 · 8	6 · 11	5 · 9	13 · 4
11 · 4	16 · 2	5 · 14	2 · 12
22 · 4	4 · 7	4 · 15	14 · 2
5 · 19	17 · 6	12 · 8	6 · 9

Resuelve los siguientes problemas de multiplicación.

$$
\begin{array}{r} 8 \\ \cdot\ 6 \\ \hline \end{array}
\qquad
\begin{array}{r} 12 \\ \cdot\ 4 \\ \hline \end{array}
\qquad
\begin{array}{r} 11 \\ \cdot\ 2 \\ \hline \end{array}
\qquad
\begin{array}{r} 6 \\ \cdot\ 8 \\ \hline \end{array}
$$

$$
\begin{array}{r} 10 \\ \cdot\ 6 \\ \hline \end{array}
\qquad
\begin{array}{r} 5 \\ \cdot\ 8 \\ \hline \end{array}
\qquad
\begin{array}{r} 14 \\ \cdot\ 2 \\ \hline \end{array}
\qquad
\begin{array}{r} 4 \\ \cdot\ 13 \\ \hline \end{array}
$$

$$
\begin{array}{r} 9 \\ \cdot\ 4 \\ \hline \end{array}
\qquad
\begin{array}{r} 6 \\ \cdot\ 12 \\ \hline \end{array}
\qquad
\begin{array}{r} 5 \\ \cdot\ 15 \\ \hline \end{array}
\qquad
\begin{array}{r} 18 \\ \cdot\ 3 \\ \hline \end{array}
$$

$$
\begin{array}{r} 15 \\ \cdot\ 4 \\ \hline \end{array}
\qquad
\begin{array}{r} 6 \\ \cdot\ 9 \\ \hline \end{array}
\qquad
\begin{array}{r} 22 \\ \cdot\ 3 \\ \hline \end{array}
\qquad
\begin{array}{r} 5 \\ \cdot\ 17 \\ \hline \end{array}
$$

$$
\begin{array}{r} 6 \\ \cdot\ 13 \\ \hline \end{array}
\qquad
\begin{array}{r} 3 \\ \cdot\ 27 \\ \hline \end{array}
\qquad
\begin{array}{r} 31 \\ \cdot\ 2 \\ \hline \end{array}
\qquad
\begin{array}{r} 4 \\ \cdot\ 21 \\ \hline \end{array}
$$

Resuelve los siguientes problemas de multiplicación.

$$
\begin{array}{r} 4 \\ \cdot\, 50 \\ \hline \end{array}
\qquad
\begin{array}{r} 4 \\ \cdot\, 20 \\ \hline \end{array}
\qquad
\begin{array}{r} 3 \\ \cdot\, 30 \\ \hline \end{array}
\qquad
\begin{array}{r} 2 \\ \cdot\, 60 \\ \hline \end{array}
$$

$$
\begin{array}{r} 7 \\ \cdot\, 20 \\ \hline \end{array}
\qquad
\begin{array}{r} 6 \\ \cdot\, 10 \\ \hline \end{array}
\qquad
\begin{array}{r} 9 \\ \cdot\, 10 \\ \hline \end{array}
\qquad
\begin{array}{r} 3 \\ \cdot\, 50 \\ \hline \end{array}
$$

$$
\begin{array}{r} 20 \\ \cdot\, 5 \\ \hline \end{array}
\qquad
\begin{array}{r} 40 \\ \cdot\, 2 \\ \hline \end{array}
\qquad
\begin{array}{r} 30 \\ \cdot\, 4 \\ \hline \end{array}
\qquad
\begin{array}{r} 2 \\ \cdot\, 80 \\ \hline \end{array}
$$

$$
\begin{array}{r} 4 \\ \cdot\, 40 \\ \hline \end{array}
\qquad
\begin{array}{r} 5 \\ \cdot\, 10 \\ \hline \end{array}
\qquad
\begin{array}{r} 3 \\ \cdot\, 40 \\ \hline \end{array}
\qquad
\begin{array}{r} 60 \\ \cdot\, 3 \\ \hline \end{array}
$$

$$
\begin{array}{r} 2 \\ \cdot\, 30 \\ \hline \end{array}
\qquad
\begin{array}{r} 90 \\ \cdot\, 2 \\ \hline \end{array}
\qquad
\begin{array}{r} 80 \\ \cdot\, 1 \\ \hline \end{array}
\qquad
\begin{array}{r} 10 \\ \cdot\, 9 \\ \hline \end{array}
$$

Multiplicación: ecuaciones, problemas

Encuentra el número que falta.
Resuelve las ecuaciones de abajo.

3 • _____ = 24

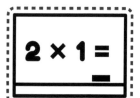

7 • _____ = 35

2 • _____ = 42   6 • _____ = 36

7 • _____ = 56   5 • _____ = 50

4 • _____ = 60   9 • _____ = 81

3 • _____ = 33   6 • _____ = 54

5 • _____ = 45   7 • _____ = 28

Resuelve los siguientes problemas de multiplicación.

3 • 7 =

4 • 5 =

6 • 3 =

9 • 2 =

4 • 7 =

6 • 5 =

4 . 8 =

13 • 2 =

11 • 3 =

2 • 15 =

3 • 8 =

12 • 1 =

Haz los siguientes cálculos.

2 × 2 = 4
3 × 1 = 3

10 = 5 • ☐

8 = 2 • ☐

6 = 3 • ☐

8 = 2 • ☐ • ☐

20 = 5 • ☐ • ☐

18 = 3 • ☐ • ☐

Vincular las operaciones con los resultados.

5 • 3

3 • 7

2 • 8

6 • 2

7 • 2

12

14

21

15

16

9

Multiplicación.

$9 \cdot 5 =$ $8 \cdot 3 =$

$2 \cdot 9 =$ $12 \cdot 2 =$

$4 \cdot 8 =$ $5 \cdot 8 =$

$6 \cdot 4 =$ $6 \cdot 6 =$

$7 \cdot 3 =$ $4 \cdot 7 =$

$9 \cdot 3 =$ $11 \cdot 4 =$

$4 \cdot 10 =$ $5 \cdot 7 =$

Completa los árboles matemáticos.

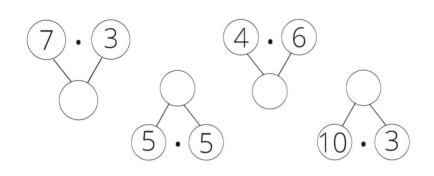

Calcula la operación y combínala con el resultado correcto.

3 · 2	30	6 · 2	35
5 · 6	6	8 · 2	12
4 · 4	26	5 · 7	18
7 · 2	18	2 · 9	16
3 · 8	24	4 · 5	28
6 · 3	16	7 · 4	27
2 · 13	14	9 · 3	20

Completa las frases de matemáticas: multiplicación

$6 \cdot \underline{\hspace{3em}} = 36$

$5 \cdot \underline{\hspace{3em}} = 35$

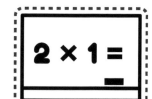

$2 \times 1 =$

$12 \cdot \underline{\hspace{3em}} = 48$ $\qquad$ $3 \cdot \underline{\hspace{3em}} = 93$

$9 \cdot \underline{\hspace{3em}} = 63$ $\qquad$ $11 \cdot \underline{\hspace{3em}} = 55$

$15 \cdot \underline{\hspace{3em}} = 45$ $\qquad$ $9 \cdot \underline{\hspace{3em}} = 54$

$7 \cdot \underline{\hspace{3em}} = 49$ $\qquad$ $18 \cdot \underline{\hspace{3em}} = 72$

$14 \cdot \underline{\hspace{3em}} = 98$ $\qquad$ $24 \cdot \underline{\hspace{3em}} = 96$

Multiplicación.

$4 \cdot 11 =$ $3 \cdot 13 =$

$12 \cdot 5 =$ $17 \cdot 3 =$

$6 \cdot 9 =$ $5 \cdot 15 =$

$5 \cdot 21 =$ $42 \cdot 3 =$

$14 \cdot 2 =$ $19 \cdot 4 =$

$7 \cdot 7 =$ $12 \cdot 6 =$

$8 \cdot 11 =$ $7 \cdot 13 =$

Doble dígito: suma, resta

$$\begin{array}{r} 3 \\ +\ 4 \\ \hline 7 \end{array}$$

Resuelve los siguientes problemas de adición.

10 + 5	2 + 5	5 + 4	6 + 3
7 + 3	3 + 3	6 + 4	2 + 3
12 + 2	15 + 3	3 + 11	2 + 16
14 + 2	5 + 8	3 + 16	19 + 2
3 + 14	5 + 8	11 + 4	8 + 3

Resuelve los siguientes problemas de adición.

$$\begin{array}{r} 5 \\ + 5 \\ \hline \end{array}$$

$$\begin{array}{r} 10 \\ + 5 \\ \hline \end{array}$$

$$\begin{array}{r} 15 \\ + 5 \\ \hline \end{array}$$

$$\begin{array}{r} 10 \\ + 10 \\ \hline \end{array}$$

$$\begin{array}{r} 10 \\ + 15 \\ \hline \end{array}$$

$$\begin{array}{r} 10 \\ + 20 \\ \hline \end{array}$$

$$\begin{array}{r} 15 \\ + 20 \\ \hline \end{array}$$

$$\begin{array}{r} 10 \\ + 20 \\ \hline \end{array}$$

$$\begin{array}{r} 5 \\ + 20 \\ \hline \end{array}$$

$$\begin{array}{r} 20 \\ + 5 \\ \hline \end{array}$$

$$\begin{array}{r} 15 \\ + 15 \\ \hline \end{array}$$

$$\begin{array}{r} 5 \\ + 25 \\ \hline \end{array}$$

Resuelve los problemas de resta que aparecen a continuación.

$$5 - 4$$

$$10 - 5$$

$$17 - 7$$

$$16 - 4$$

$$20 - 15$$

$$13 - 5$$

$$11 - 10$$

$$8 - 6$$

$$12 - 6$$

$$20 - 11$$

$$19 - 17$$

$$14 - 10$$

Resuelve los siguientes problemas de adición.

$$\begin{array}{r} 22 \\ + \boxed{} \\ \hline 42 \end{array} \qquad \begin{array}{r} \boxed{} \\ + 10 \\ \hline 60 \end{array} \qquad \begin{array}{r} 5 \\ + \boxed{} \\ \hline 32 \end{array} \qquad \begin{array}{r} \boxed{} \\ + 44 \\ \hline 53 \end{array}$$

$$\begin{array}{r} 41 \\ + \boxed{} \\ \hline 65 \end{array} \qquad \begin{array}{r} \boxed{} \\ + 10 \\ \hline 75 \end{array} \qquad \begin{array}{r} 24 \\ + \boxed{} \\ \hline 74 \end{array} \qquad \begin{array}{r} \boxed{} \\ + 36 \\ \hline 60 \end{array}$$

$$\begin{array}{r} 35 \\ + \boxed{} \\ \hline 54 \end{array} \qquad \begin{array}{r} \boxed{} \\ + 12 \\ \hline 79 \end{array} \qquad \begin{array}{r} 17 \\ + \boxed{} \\ \hline 28 \end{array} \qquad \begin{array}{r} \boxed{} \\ + 31 \\ \hline 88 \end{array}$$

$$\begin{array}{r} 73 \\ + \boxed{} \\ \hline 98 \end{array} \qquad \begin{array}{r} \boxed{} \\ + 40 \\ \hline 58 \end{array} \qquad \begin{array}{r} 66 \\ + \boxed{} \\ \hline 84 \end{array} \qquad \begin{array}{r} \boxed{} \\ + 24 \\ \hline 46 \end{array}$$

$$\begin{array}{r} 57 \\ + \boxed{} \\ \hline 84 \end{array} \qquad \begin{array}{r} \boxed{} \\ + 13 \\ \hline 34 \end{array} \qquad \begin{array}{r} 29 \\ + \boxed{} \\ \hline 63 \end{array} \qquad \begin{array}{r} \boxed{} \\ + 34 \\ \hline 46 \end{array}$$

Resuelve los problemas de resta que aparecen a continuación.

$$23 - 4$$

$$76 - 5$$

$$43 - 12$$

$$29 - 18$$

$$61 - 11$$

$$33 - 9$$

$$44 - 22$$

$$9 - 8$$

$$81 - 7$$

$$18 - 16$$

$$45 - 15$$

$$17 - 11$$

Resuelve los siguientes problemas de división.

15 : 5	6 : 2	9 : 3	12 : 2
22 : 2	18 : 3	14 : 2	24 : 8
21 : 7	35 : 7	28 : 9	33 : 3
40 : 5	50 : 10	25 : 5	36 : 6
16 : 4	32 : 4	42 : 7	30 : 5

Resuelve los problemas de multiplicación y división que aparecen a continuación.

6 · 8	13 · 4	48 : 6	10 : 10
8 · 7	15 · 5	72 : 8	54 : 9
8 ·9	12 · 6	63 : 7	56 : 8
17 · 3	2 · 36	45 : 5	63 : 9
18 · 4	5 ·9	54 : 6	81 : 9

Revisión

$$\times \frac{2}{7}$$

$$\overline{14}$$

Calcula, escribe el resultado.

$4 \cdot 2 =$ ☐

$4 \cdot 3 =$ ☐

$3 \cdot 3 =$ ☐

$4 \cdot 4 =$ ☐

$3 \cdot 2 =$ ☐

$5 \cdot 3 =$ ☐

$7 \cdot 2 =$ ☐

$2 \cdot 5 =$ ☐

Resuelve los problemas de multiplicación y división que aparecen a continuación.

$$\frac{30 : \square}{5} \qquad \frac{\square : 7}{4} \qquad \frac{4 \cdot \square}{40} \qquad \frac{\square \cdot 15}{45}$$

$$\frac{45 : \square}{9} \qquad \frac{\square : 6}{8} \qquad \frac{12 \cdot \square}{36} \qquad \frac{\square \cdot 4}{12}$$

$$\frac{64 : \square}{4} \qquad \frac{\square : 5}{7} \qquad \frac{12 \cdot \square}{60} \qquad \frac{\square \cdot 7}{70}$$

$$\frac{63 : \square}{7} \qquad \frac{\square : 7}{11} \qquad \frac{25 \cdot \square}{50} \qquad \frac{\square \cdot 6}{42}$$

$$\frac{66 : \square}{22} \qquad \frac{\square : 24}{2} \qquad \frac{13 \cdot \square}{39} \qquad \frac{\square \cdot 2}{50}$$

Completa las frases de matemáticas: multiplicación.

$10 = \underline{\hspace{2em}} \cdot 5$ $33 = \underline{\hspace{2em}} \cdot 3$

$18 = \underline{\hspace{2em}} \cdot 2$ $40 = \underline{\hspace{2em}} \cdot 5$

$24 = \underline{\hspace{2em}} \cdot 3$ $32 = \underline{\hspace{2em}} \cdot 8$

$21 = \underline{\hspace{2em}} \cdot 7$ $49 = \underline{\hspace{2em}} \cdot 7$

$16 = \underline{\hspace{2em}} \cdot 4$ $20 = \underline{\hspace{2em}} \cdot 2$

$35 = \underline{\hspace{2em}} \cdot 5$ $36 = \underline{\hspace{2em}} \cdot 18$

$25 = \underline{\hspace{2em}} \cdot 5$ $44 = \underline{\hspace{2em}} \cdot 11$

$12 = \underline{\hspace{2em}} \cdot 4$ $38 = \underline{\hspace{2em}} \cdot 2$

Resuelve los problemas de multiplicación y división que aparecen a continuación.

$$25 : \square = 5$$

$$\square : 7 = 3$$

$$3 \cdot \square = 27$$

$$\square \cdot 10 = 20$$

$$45 : \square = 15$$

$$\square : 9 = 9$$

$$11 \cdot \square = 44$$

$$\square \cdot 4 = 16$$

$$64 : \square = 8$$

$$\square : 6 = 7$$

$$12 \cdot \square = 36$$

$$\square \cdot 7 = 63$$

$$56 : \square = 7$$

$$\square : 7 = 10$$

$$25 \cdot \square = 75$$

$$\square \cdot 9 = 6$$

$$88 : \square = 22$$

$$\square : 26 = 2$$

$$41 \cdot \square = 82$$

$$\square \cdot 3 = 69$$

Triple dígito:
suma y resta

Resuelve los siguientes problemas de adición.

12	18	9	3
5	5	8	13
+ 3	+ 9	+ 4	+ 7

15	21	1	13
2	11	6	3
+ 11	+ 4	+ 17	+ 19

5	6	17	25
14	8	17	16
+ 35	+ 42	+ 7	+ 2

15	2	21	18
72	36	23	28
+ 2	+ 36	+ 32	+ 12

Resuelve los siguientes problemas de adición.

$$\begin{array}{r} 16 \\ 4 \\ +26 \\ \hline \end{array}\qquad\begin{array}{r} 11 \\ 14 \\ +13 \\ \hline \end{array}\qquad\begin{array}{r} 23 \\ 51 \\ +17 \\ \hline \end{array}$$

$$\begin{array}{r} 16 \\ 48 \\ +4 \\ \hline \end{array}\qquad\begin{array}{r} 44 \\ 22 \\ +11 \\ \hline \end{array}\qquad\begin{array}{r} 6 \\ 12 \\ +19 \\ \hline \end{array}$$

$$\begin{array}{r} 38 \\ 22 \\ +31 \\ \hline \end{array}\qquad\begin{array}{r} 13 \\ 17 \\ +26 \\ \hline \end{array}\qquad\begin{array}{r} 77 \\ 21 \\ +3 \\ \hline \end{array}$$

$$\begin{array}{r} 43 \\ 51 \\ +1 \\ \hline \end{array}\qquad\begin{array}{r} 5 \\ 82 \\ +11 \\ \hline \end{array}\qquad\begin{array}{r} 91 \\ 5 \\ +2 \\ \hline \end{array}$$

Resuelve los problemas de resta que aparecen a continuación.

26	34	21
12	10	18
- 6	- 14	- 2

19	53	16
11	16	4
- 2	- 22	- 8

44	39	65
33	17	34
- 7	- 22	- 21

33	13	50
22	4	15
- 7	- 3	-20

Material extra:

hojas de trabajo de matemáticas

Resuelve los siguientes problemas de adición.

26 + ☐ 98	☐ + 15 47	7 + ☐ 24	☐ + 19 59
13 + ☐ 68	☐ + 18 37	43 + ☐ 71	☐ + 71 82
22 + ☐ 74	☐ + 4 88	32 + ☐ 44	☐ + 25 75
62 + ☐ 78	☐ + 14 43	16 + ☐ 94	☐ + 32 54
17 + ☐ 61	☐ + 43 63	16 + ☐ 61	☐ + 51 59

Resuelve los problemas de resta que aparecen a continuación.

$$\begin{array}{r} 56 \\ - \square \\ \hline 25 \end{array} \qquad \begin{array}{r} \square \\ - 32 \\ \hline 23 \end{array} \qquad \begin{array}{r} 29 \\ - \square \\ \hline 8 \end{array} \qquad \begin{array}{r} \square \\ - 52 \\ \hline 12 \end{array}$$

$$\begin{array}{r} 84 \\ - \square \\ \hline 54 \end{array} \qquad \begin{array}{r} \square \\ - 36 \\ \hline 19 \end{array} \qquad \begin{array}{r} 48 \\ - \square \\ \hline 26 \end{array} \qquad \begin{array}{r} \square \\ - 71 \\ \hline 29 \end{array}$$

$$\begin{array}{r} 66 \\ - \square \\ \hline 56 \end{array} \qquad \begin{array}{r} \square \\ - 18 \\ \hline 60 \end{array} \qquad \begin{array}{r} 34 \\ - \square \\ \hline 24 \end{array} \qquad \begin{array}{r} \square \\ - 35 \\ \hline 55 \end{array}$$

$$\begin{array}{r} 77 \\ - \square \\ \hline 57 \end{array} \qquad \begin{array}{r} \square \\ - 10 \\ \hline 39 \end{array} \qquad \begin{array}{r} 27 \\ - \square \\ \hline 10 \end{array} \qquad \begin{array}{r} \square \\ - 26 \\ \hline 20 \end{array}$$

$$\begin{array}{r} 99 \\ - \square \\ \hline 9 \end{array} \qquad \begin{array}{r} \square \\ - 44 \\ \hline 44 \end{array} \qquad \begin{array}{r} 22 \\ - \square \\ \hline 8 \end{array} \qquad \begin{array}{r} \square \\ - 11 \\ \hline 0 \end{array}$$

Resuelve los siguientes problemas de multiplicación.

3 • 25	4 • 33	5 • 40	6 • 15
7 • 12	5 • 10	8 • 15	3 • 50
3 • 45	2 • 55	3 • 45	2 • 80
4 • 30	5 • 15	3 • 40	3 • 55
2 • 45	4 • 25	10 • 20	9 • 11

Resuelve los siguientes problemas de adición.

$$\begin{array}{r} 45 \\ + \;\square \\ \hline 145 \end{array}$$

$$\begin{array}{r} \square \\ + \;78 \\ \hline 105 \end{array}$$

$$\begin{array}{r} 75 \\ + \;\square \\ \hline 132 \end{array}$$

$$\begin{array}{r} \square \\ + \;64 \\ \hline 153 \end{array}$$

$$\begin{array}{r} 40 \\ + \;\square \\ \hline 99 \end{array}$$

$$\begin{array}{r} \square \\ + \;49 \\ \hline 111 \end{array}$$

$$\begin{array}{r} 89 \\ + \;\square \\ \hline 168 \end{array}$$

$$\begin{array}{r} \square \\ + \;75 \\ \hline 150 \end{array}$$

$$\begin{array}{r} 53 \\ + \;\square \\ \hline 101 \end{array}$$

$$\begin{array}{r} \square \\ + \;19 \\ \hline 83 \end{array}$$

$$\begin{array}{r} 102 \\ + \;\square \\ \hline 182 \end{array}$$

$$\begin{array}{r} \square \\ + \;66 \\ \hline 156 \end{array}$$

$$\begin{array}{r} 42 \\ + \;\square \\ \hline 108 \end{array}$$

$$\begin{array}{r} \square \\ + \;91 \\ \hline 161 \end{array}$$

$$\begin{array}{r} 81 \\ + \;\square \\ \hline 142 \end{array}$$

$$\begin{array}{r} \square \\ + \;92 \\ \hline 124 \end{array}$$

$$\begin{array}{r} 79 \\ + \;\square \\ \hline 113 \end{array}$$

$$\begin{array}{r} \square \\ + \;32 \\ \hline 98 \end{array}$$

$$\begin{array}{r} 68 \\ + \;\square \\ \hline 155 \end{array}$$

$$\begin{array}{r} \square \\ + \;44 \\ \hline 104 \end{array}$$

Resuelve los siguientes problemas de adición.

100 + 56	97 + 97	110 + 75	85 + 105
125 + 125	69 + 101	150 + 50	70 + 90
40 + 200	130 + 60	56 + 144	80 + 125
44 + 160	80 + 95	67 + 76	123 + 65
87 + 77	58 + 113	185 + 25	74 + 99

Multiplicación.

$4 \cdot 5 \cdot 6 =$

$2 \cdot 2 \cdot 3 =$

$2 \cdot 3 \cdot 4 =$

$5 \cdot 1 \cdot 7 =$

$8 \cdot 2 \cdot 3 =$

$4 \cdot 3 \cdot 8 =$

EDUSPOT

We produce world class achievers

Enhorabuena!

Has completado nuestras hojas de trabajo de matemáticas y se te otorga este Diploma en reconocimiento a tus logros.

Una petición especial...

Si quieres más libros de texto de calidad como este, nos encantaría ver una reseña en Amazon.

El número de reseñas que reúne un libro cada día afecta directamente a sus ventas. Así que dejar una reseña, por breve que sea, nos ayuda a seguir haciendo lo que hacemos.

Su breve reseña en Amazon podría ayudarnos mucho.

Si no quieres dejar una reseña clásica, califica el libro dejando una puntuación de estrellas sin escribir una reseña.

muchas gracias

EDUSPOT

¿No está seguro de qué elegir a continuación?

Haga un recorrido por nuestros bestsellers en inglés...

¡Recomendado para ti por el equipo de Eduspot!

Made in the USA
Columbia, SC
15 August 2024

40492930R00024